数学是打开世界的一把钥匙。

一起成为小小数学家吧！

探索成员 1：小翼

长着一头自来卷的小翼热爱数学、喜欢钻研，是同学们公认的学霸，被大家亲切地称为"小牛顿"。

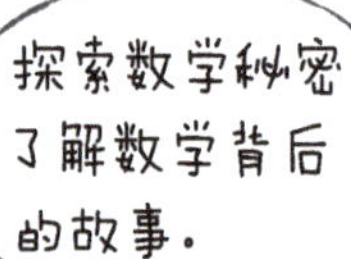

探索成员 2：茜茜

活泼可爱、勤奋好学的茜茜是"小牛顿"的同班同学，她记录了每次的数学探索项目。

探索成员 3：小鹦鹉

聪明机智，爱提问题的小鹦鹉是探索小组唯一会飞的成员，也是探索小组的观察能手！

探索成员 4：大猫

憨厚幽默，思路灵活，大猫在关键时刻常常表现出众，给探索小组带来了不少欢乐。

厉害了！我的数学

口算通关法

曲少云/文　李卓颖/图

中国和平出版社
China Peace Publishing House

图书在版编目（CIP）数据

口算通关法 / 曲少云文；李卓颖图 . -- 北京：中
国和平出版社，2023.4
　（厉害了！我的数学）
　ISBN 978-7-5137-2389-3

　Ⅰ . ①口… Ⅱ . ①曲… ②李… Ⅲ . ①数学 – 儿童读
物 Ⅳ . ① O1-49

中国版本图书馆 CIP 数据核字 (2022) 第 147902 号

厉害了！我的数学

口算通关法　　　　曲少云 / 文　李卓颖 / 图

策　　划	代新梅		经　　销	全国各地书店	
责任编辑	代新梅				
美术编辑	弯　弯		开　　本	880mm × 1230mm　1/20	
责任印务	魏国荣		印　　张	2	
出版发行	中国和平出版社（北京市海淀区花园路		字　　数	30 千字	
	甲 13 号院 7 号楼 10 层　100088）				
	www.hpbook.com　bookhp@163.com		版　　次	2023 年 4 月第 1 版　2023 年 4 月第 1 次印刷	
发 行 部	（010）82093832　82093801（传真）		书　　号	ISBN 978-7-5137-2389-3	
出 版 人	林　云		定　　价	22.00 元	

在生活中，我们每天都离不开口算。口算一般不要求计算过程，而是要算得巧、算得对、算得快！

答案见文末。

要提高口算水平，仅仅认识了"数"，就急着去练习可行不通。在这之前，你要多花点儿时间去了解数字之间的"朋友"关系。

总数是8

4个2相加是8

2个4相加是8

2、3、3相加也是8

利用这些"朋友"关系，用恰当的方法计数，是打好计算基础的第一步。

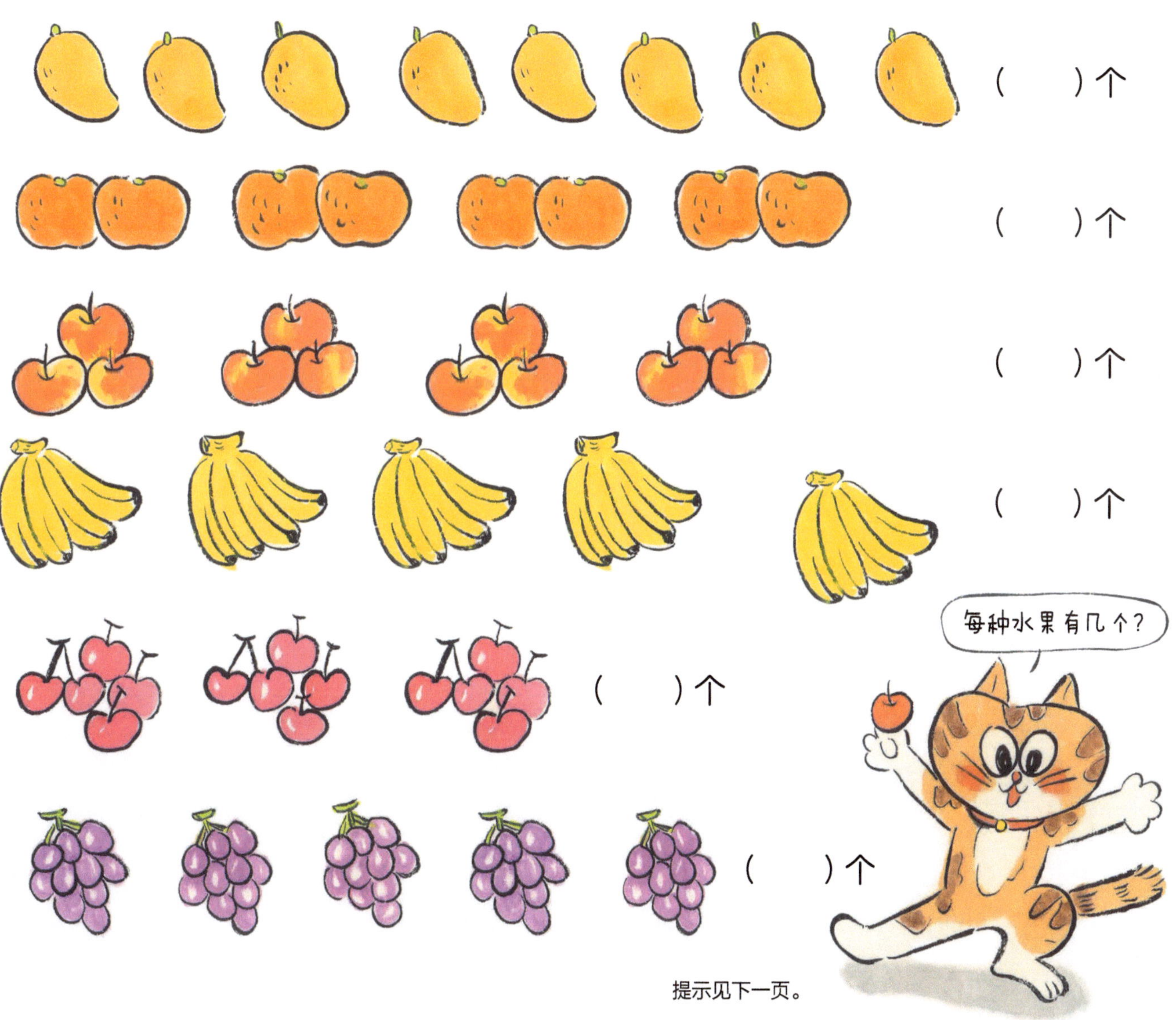

计数的方法很多，计数的过程其实就是"加几"的过程。比如：

1、2、3、4、5……1个1个数，这是+1的过程。

2、4、6、8、10……2个2个数，这是+2的过程。

3、6、9、12、15……3个3个数，这是+3的过程。

4、8、12、16、20……4个4个数，这是+4的过程。

5、10、15、20、25……5个5个数，这是+5的过程。

10、20、30、40、50……10个10个数，这是+10的过程。

为什么有时候我们会不自觉地喜欢某个数呢？因为这些数经常在我们眼前出现，它们在数字世界里与其他数关系密切，"朋友"很多。

你会给数字找朋友吗？从图中找出任意三个数组成等式吧！

答案见文末。

如果把计数顺序倒着来，计数的过程就变成了"减几"的过程。比如：

10、9、8、7、6……1个1个倒数，这是−1的过程。

12、10、8、6、4……2个2个倒数，这是−2的过程。

18、15、12、9、6……3个3个倒数，这是−3的过程。

20、16、12、8、4……4个4个倒数，这是−4的过程。

35、30、25、20、15……5个5个倒数，这是−5的过程。

90、80、70、60、50……10个10个倒数，这是−10的过程。

1个1个计数时，计数的单位是"1"，几个几个计数时，计数的单位就是"几"。

除了计数单位1、2、3、4、5、10，更大的数有时需要更大的计数单位才方便，比如，以100、1000、10000为计数单位。

你可能不知道，在你计数的同时，已经在进行口算了。

看上去相近的口算加法过程，实际上花费的时间是不一样的。

谁的方法算得更快呢？你也来试一试吧！

　　数量不大时，哪种方法更好不是特别明显。数量很大时，你会很容易发现哪种方法又快又简便。秘诀就是：计数的个数越少越好！

把所有的加法都转化成 10 以内的加法，是生活中自然而然冒出来的好主意。

口算通关秘籍：用"凑 10"的办法，可以把 20 以内的加法简化，使加法学习进入更高级的阶段。

在口算中，10 的各种数字组合是非常关键的。如果你很擅长找出 10 的朋友关系，那你真的很厉害！以后就能很轻松地解决 20、30、50，甚至 100 以上的口算。

一起用双手巩固对10的理解吧！

很多简单的计算，熟悉以后和识字一样能脱口说出答案。很多大数的计算，如果和10以内的数联系起来，也能马上得到答案。这样，数的"朋友关系"就大大扩展了。

利用较小数的简单计算，直接得出更大数的计算结果，这种办法简单、巧妙。事实上，这种情况在口算中经常会用到。

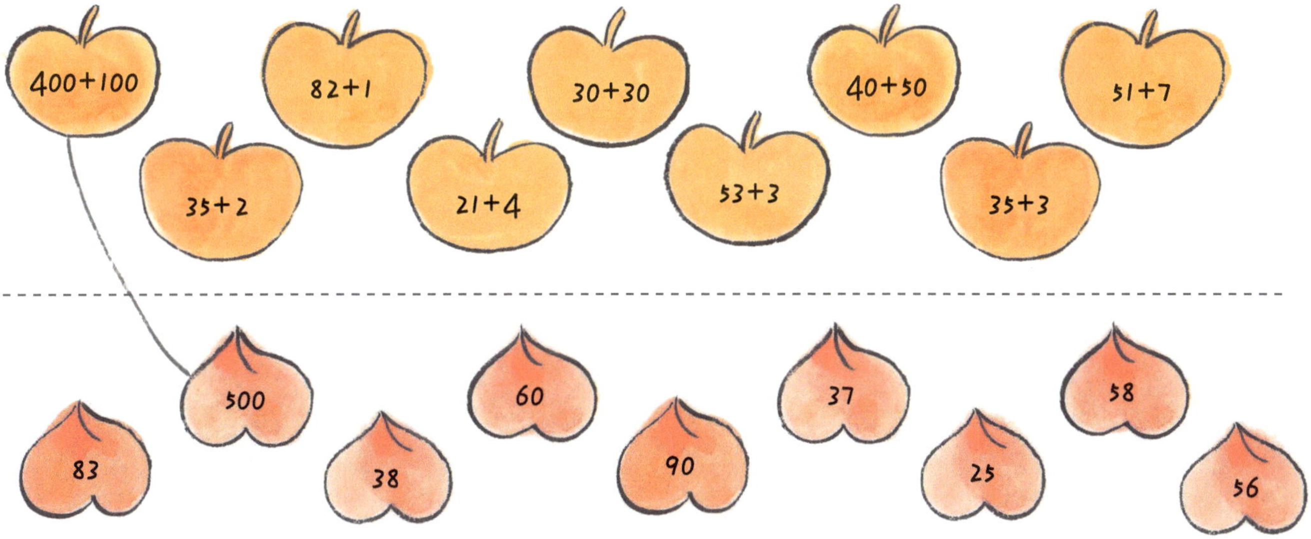

答案见文末。

对应的减法口算和加法口算既有联系，又有不同。

还记得倒数吗？你尝试过使用"倒数"的办法，完成减法口算吗？

你一定在想，刚才的减法我有更好的办法！因为"增加"的相反过程是"减少"，所以减法可以用加法去想！

三个数在等式中构成的"朋友"关系，能让我们方便地从加法切换到减法，从包含两个数的加法、减法等式中迅速找出第三个数。

4+□=12　　□+4=12　　4=12-□

12-8=□　　12-□=8　　12=□+8

8=□-4　　□-8=4　　8+4=□

答案见文末。

口算通关秘籍：在数字世界，如果你熟悉很多三数组的"朋友"关系，你的口算就会更灵活、更快速。

20 以内比较复杂的减法问题，其实也都和10有关。

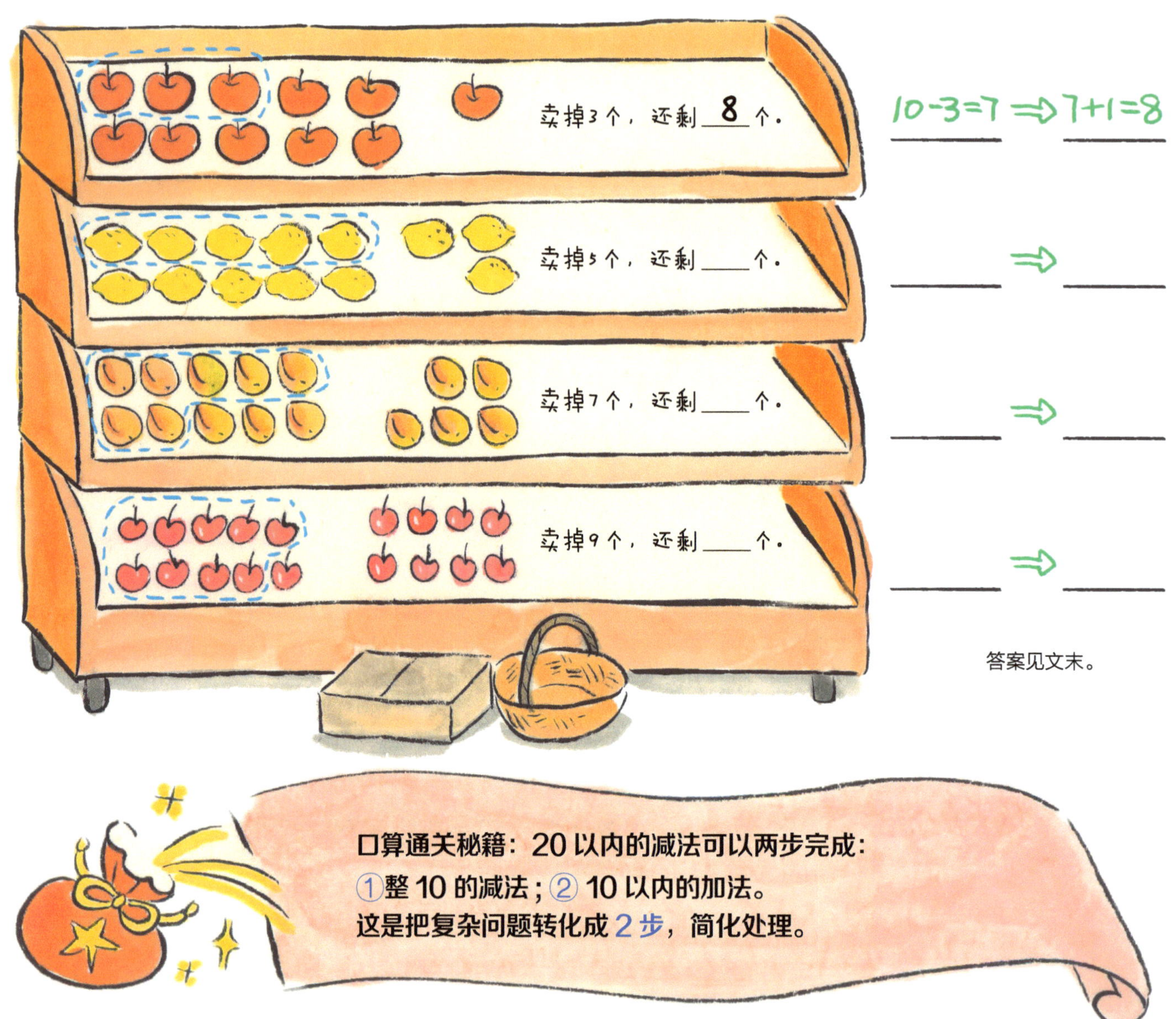

这是一张10的关系网，这张关系网越是丰富，你的口算水平就越高。

答案见文末。

　　还有一类问题特别受欢迎，让你算起来总觉得比其他计算更简单，式子也美，它们就是2倍数。

我们可以从 7+7=14 出发，不断了解和扩展 2 倍数的朋友圈。

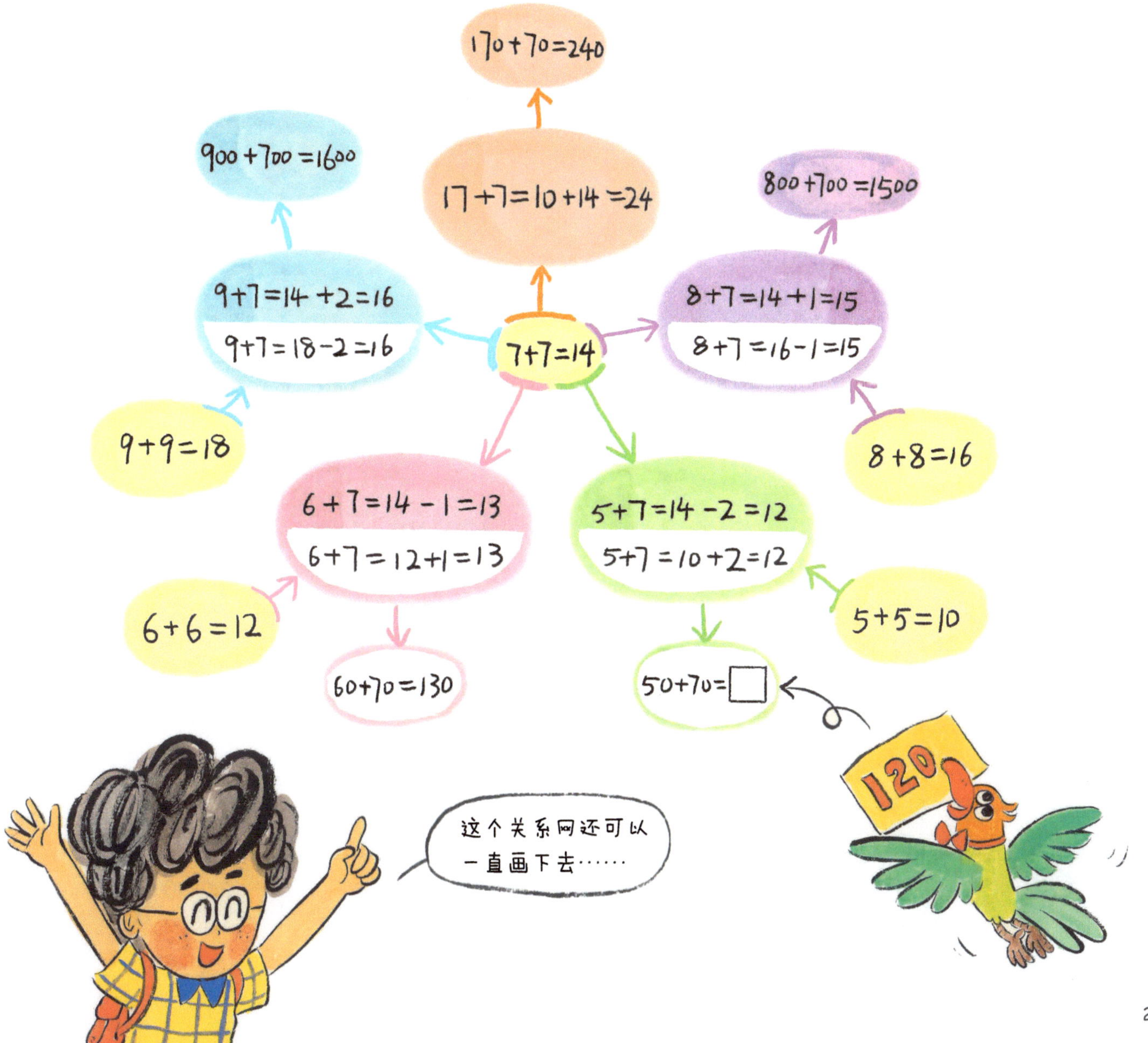

现在思考一下，下面哪些数是你不熟的，列个等式给它找几个朋友吧！

给这些数找到了朋友，它们的朋友也就是你的朋友了。

口算通关秘籍：对某些数不熟，是因为这些数在各类计算中出现的次数不够多，但这不代表这些数没有用处。口算出问题，往往和不熟悉这些数有关。

一个集市要兴隆，靠的是丰富多样的物品，四通八达的交通网，人们在这里想买什么就能买到什么。

而口算要算得快、算得巧，靠的是我们脑中灵活变换、互相连接的"数字关系网"。

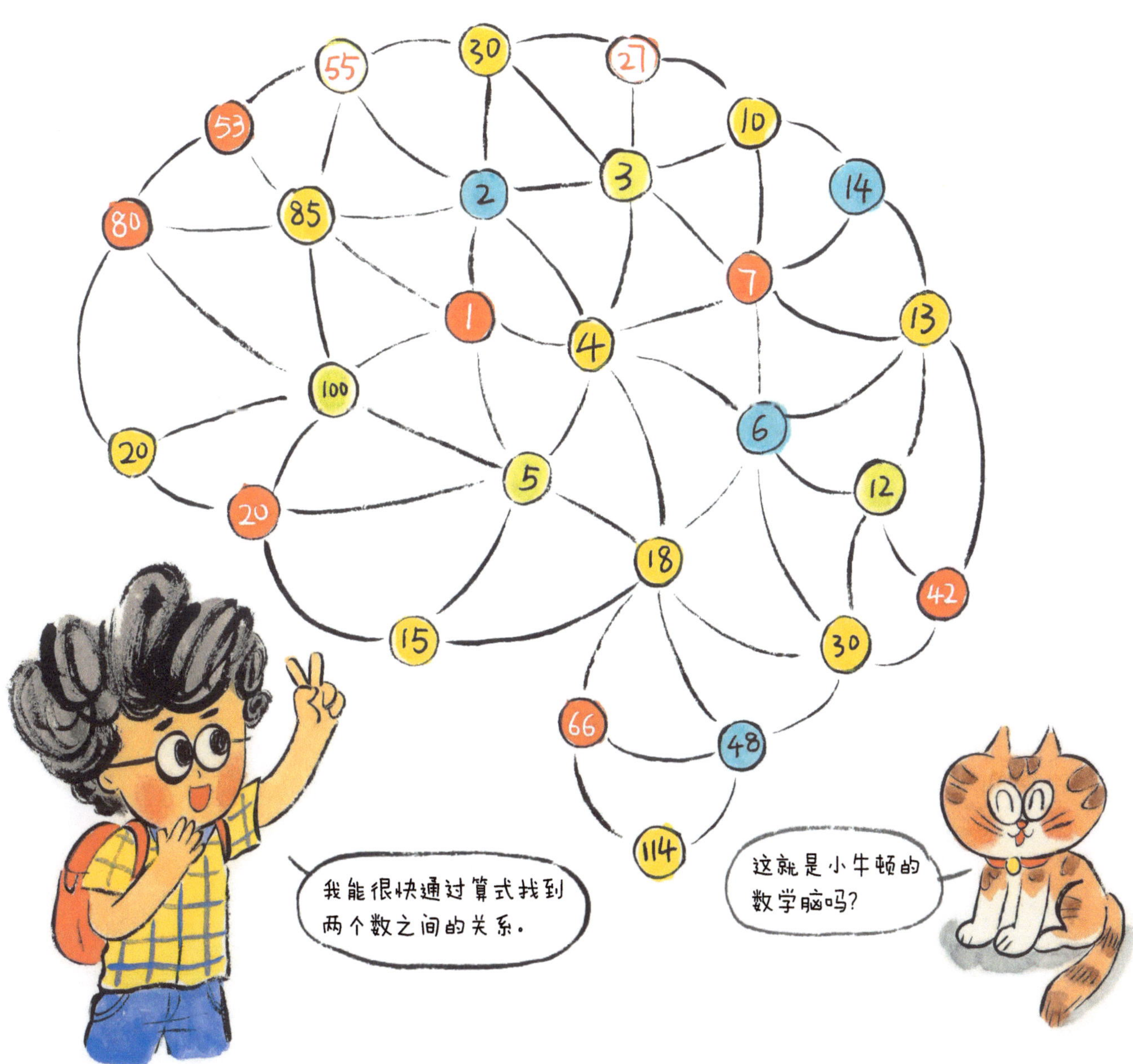

口算的目的可不只是为了算得快，而是为了解决每天遇到的各种问题。

（1）我有5元，又挣了8元，我现在有＿＿元。

（2）我进了3斤黄桃和6斤蟠桃，我一共有＿＿斤桃。

（3）我有10斤蜜桔，比阿三少8斤，阿三有＿＿斤蜜桔。

（4）我有20斤香蕉，阿三卖了10斤和我一样多，阿三有＿＿斤香蕉。

去贴纸页找到数字，
贴入相应位置吧！

28

买和卖千变万化，灵活解决各式各样的问题，才是学习的最终目标。

（1）我有13元，买梨花掉8元，我还剩____元。

（2）我和哥哥买了9斤桃，如果我买了6斤，哥哥买了____斤。

（3）我买了18斤香蕉，哥哥买了8斤，哥哥还需要____斤，才能和我一样多。

（4）我有20斤蜜桔，叔叔有10斤蜜桔，叔叔再有____斤蜜桔，才能和我一样多。

你来试一试，补全4+3=7的口算关系网吧。

独立创建9+9=18的口算关系网吧。

答案见文末。

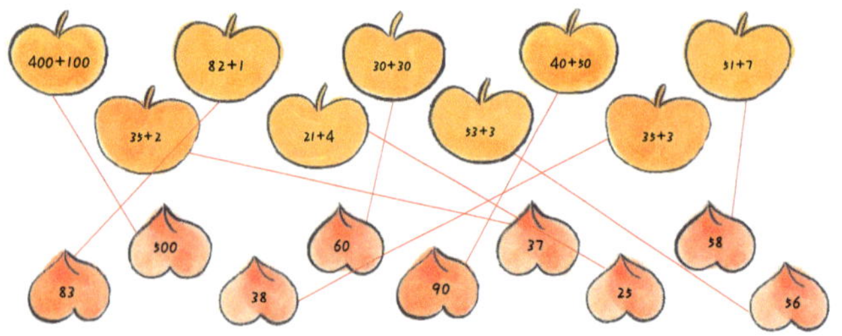

第1页：茜茜买了5斤杧果。1斤=500克（500g）。"克"是规范的质量单位，人们习惯用1斤表示500克。

第5页：等式有2+1=3，4+1=5，4+2=6，6+1=7，8+1=9……答案不唯一。

第15页：

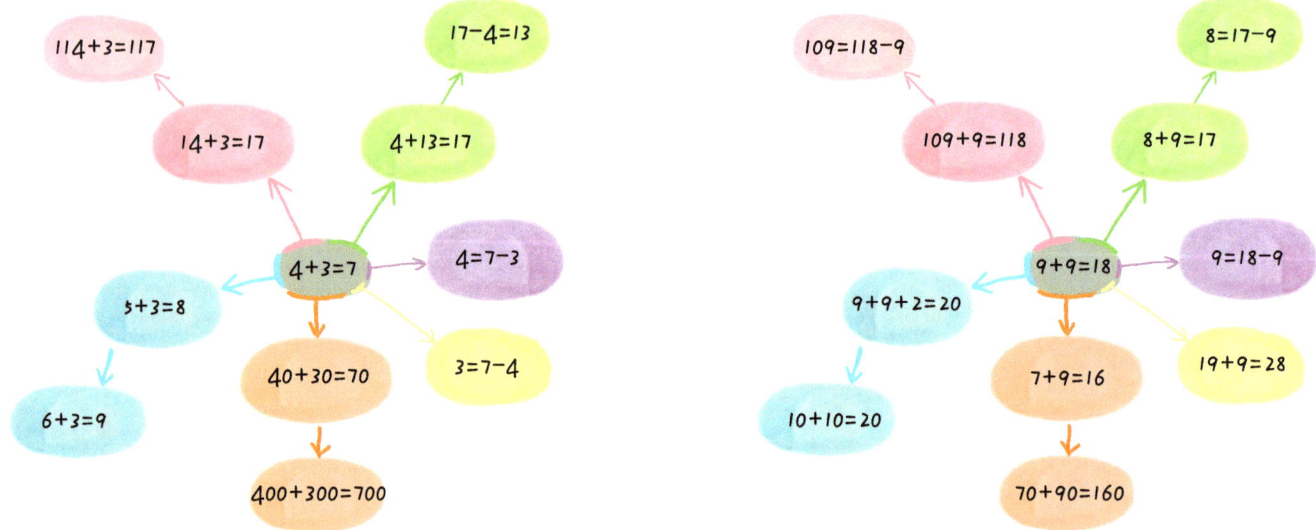

第19页：横向依次为8、8、8、4、4、4、12、12、12 。

第20页：8，10-5=5，5+3=8；8，10-7=3，3+5=8；9 ，10-9=1，1+8=9。

第21页：1，30+10=40，5+10=15。

第30页及第31页：关系网不唯一。示例如下。

口算真的只动口，不动笔吗？

口算的水平取决于你是不是对"数与数"之间的关系很熟悉。在这个熟悉过程中，如果能多动笔记录一些口算过程、多解途径，能大大提升口算速度，这也是最基本的笔算。

比如，7+8可以这样记录：

$$7+7=14$$
$$8+8=16$$
$$7+8=15$$

"厉害了！我的数学" 系列科普图画书

- 《数的起源》
- 《自然数、整数、0》
- 《时间的历史》
- 《口算通关法》
- 《等号和加减乘除》

- 《辨识空间方位》
- 《为什么是三角形》
- 《四边形的奥秘》
- 《正方体》
- 《分类和找规律》

作者简介

曲少云/文

数学科普教育专家，教育心理硕士，拥有20余年数学教龄，对中国孩子的数学学习和发展轨迹了如指掌，能够系统、科学地指导孩子进行数学学习和训练。著有系列畅销书"今晚七点半，数学妈妈的游戏课""奇妙的数学游戏书"等，累计销量超过100万册。线上课程"如何开发孩子的数学潜力""数学启蒙，父母是最好的老师"广受老师、家长赞誉。

李卓颖/图

绘本创作者，动画专业硕士，毕业于广州美术学院及荷兰圣优斯特艺术学院。

作品有《公主怎么挖鼻屎》《溜达鸡》《从前有个筋斗云》《两个小妖精抓住一个老和尚》。作品曾获第二届"信谊图画书奖"，第二届小凉帽国际绘本奖优秀作品奖，2016年深圳读书月"年度十大童书"。《从前有个筋斗云》入选第十三届全国美展，入选教育部推荐书目。